THIS BOOK BELONGS TO:

CONTACT INFORMATION	
NAME	
ADDRESS	
PHONE #	
EMAIL	

DEDICATION

This Fly Fishing Log Book is dedicated to anglers who want to document their experience.

You are my inspiration for producing this book and I'm honored to be a part of tracking your fishing adventures.

HOW TO USE THIS BOOK

This Duck Hunting Log Book will allow you to accurately record every detail of your hunting experience. It's a great way to document weather conditions, gear, the number of ducks harvested, and much more.

Here are examples of information for you to fill in and write the details about your experience in this book.

Fill in the following information:

1. Duck Hunting Log - Fill in the date, time, location, temperature, weather, and wind conditions.

2. Gear - Write down the hunting equipment you used (firearms, ammo, calls).

3. Companions - Write down a list of hunting buddies and dogs that went with you.

4. Terrain - Use the checklist to mark the hunting terrain.

5. Duck Harvest - Write down species, circle male or female, blind number, band (yes or no), band number.

DUCK HUNTING LOG

DATE		LOCATION	
TIME		WEATHER CONDITIONS	
AM/PM		WIND CONDITIONS	
TEMPERATURE		WIND DIRECTION	

GEAR

FIREARMS	
AMMO	
CALLS	

COMPANIONS

HUNTING BUDDIES	HUNTING DOGS

TERRAIN

O FARM FIELD O FLOODED FIELD O LAKE O MARSH O POND O RIVER O TIMBER

SPECIES	SEX	BLIND #	BAND	BAND #
	M/F		O YES O NO	
	M/F		O YES O NO	
	M/F		O YES O NO	
	M/F		O YES O NO	
	M/F		O YES O NO	
	M/F		O YES O NO	
	M/F		O YES O NO	
	M/F		O YES O NO	
	M/F		O YES O NO	
	M/F		O YES O NO	
	M/F		O YES O NO	
	M/F		O YES O NO	

DUCK HUNTING LOG

DATE		LOCATION			
TIME		WEATHER CONDITIONS			
AM/PM		WIND CONDITIONS			
TEMPERATURE		WIND DIRECTION			

GEAR

FIREARMS	
AMMO	
CALLS	

COMPANIONS

HUNTING BUDDIES	HUNTING DOGS

TERRAIN

O FARM FIELD O FLOODED FIELD O LAKE O MARSH O POND O RIVER O TIMBER

SPECIES	SEX	BLIND #	BAND	BAND #
	M/F		O YES O NO	
	M/F		O YES O NO	
	M/F		O YES O NO	
	M/F		O YES O NO	
	M/F		O YES O NO	
	M/F		O YES O NO	
	M/F		O YES O NO	
	M/F		O YES O NO	
	M/F		O YES O NO	
	M/F		O YES O NO	
	M/F		O YES O NO	
	M/F		O YES O NO	

DUCK HUNTING LOG

DATE		LOCATION	
TIME		WEATHER CONDITIONS	
AM/PM		WIND CONDITIONS	
TEMPERATURE		WIND DIRECTION	

GEAR

FIREARMS	
AMMO	
CALLS	

COMPANIONS

HUNTING BUDDIES	HUNTING DOGS

TERRAIN

O FARM FIELD O FLOODED FIELD O LAKE O MARSH O POND O RIVER O TIMBER

SPECIES	SEX	BLIND #	BAND	BAND #
	M/F		O YES O NO	
	M/F		O YES O NO	
	M/F		O YES O NO	
	M/F		O YES O NO	
	M/F		O YES O NO	
	M/F		O YES O NO	
	M/F		O YES O NO	
	M/F		O YES O NO	
	M/F		O YES O NO	
	M/F		O YES O NO	
	M/F		O YES O NO	
	M/F		O YES O NO	

DUCK HUNTING LOG

DATE		LOCATION	
TIME		WEATHER CONDITIONS	
AM/PM		WIND CONDITIONS	
TEMPERATURE		WIND DIRECTION	

GEAR

FIREARMS	
AMMO	
CALLS	

COMPANIONS

HUNTING BUDDIES	HUNTING DOGS

TERRAIN

O FARM FIELD O FLOODED FIELD O LAKE O MARSH O POND O RIVER O TIMBER

SPECIES	SEX	BLIND #	BAND	BAND #
	M/F		O YES O NO	
	M/F		O YES O NO	
	M/F		O YES O NO	
	M/F		O YES O NO	
	M/F		O YES O NO	
	M/F		O YES O NO	
	M/F		O YES O NO	
	M/F		O YES O NO	
	M/F		O YES O NO	
	M/F		O YES O NO	
	M/F		O YES O NO	
	M/F		O YES O NO	

DUCK HUNTING LOG

DATE		LOCATION	
TIME		WEATHER CONDITIONS	
AM/PM		WIND CONDITIONS	
TEMPERATURE		WIND DIRECTION	

GEAR

FIREARMS	
AMMO	
CALLS	

COMPANIONS

HUNTING BUDDIES	HUNTING DOGS

TERRAIN

O FARM FIELD O FLOODED FIELD O LAKE O MARSH O POND O RIVER O TIMBER

SPECIES	SEX	BLIND #	BAND	BAND #
	M/F		O YES O NO	
	M/F		O YES O NO	
	M/F		O YES O NO	
	M/F		O YES O NO	
	M/F		O YES O NO	
	M/F		O YES O NO	
	M/F		O YES O NO	
	M/F		O YES O NO	
	M/F		O YES O NO	
	M/F		O YES O NO	
	M/F		O YES O NO	
	M/F		O YES O NO	

DUCK HUNTING LOG

DATE		LOCATION	
TIME		WEATHER CONDITIONS	
AM/PM		WIND CONDITIONS	
TEMPERATURE		WIND DIRECTION	

GEAR

FIREARMS	
AMMO	
CALLS	

COMPANIONS

HUNTING BUDDIES	HUNTING DOGS

TERRAIN

O FARM FIELD O FLOODED FIELD O LAKE O MARSH O POND O RIVER O TIMBER

SPECIES	SEX	BLIND #	BAND	BAND #
	M/F		O YES O NO	
	M/F		O YES O NO	
	M/F		O YES O NO	
	M/F		O YES O NO	
	M/F		O YES O NO	
	M/F		O YES O NO	
	M/F		O YES O NO	
	M/F		O YES O NO	
	M/F		O YES O NO	
	M/F		O YES O NO	
	M/F		O YES O NO	
	M/F		O YES O NO	

DUCK HUNTING LOG

DATE		LOCATION	
TIME		WEATHER CONDITIONS	
AM/PM		WIND CONDITIONS	
TEMPERATURE		WIND DIRECTION	

GEAR

FIREARMS	
AMMO	
CALLS	

COMPANIONS

HUNTING BUDDIES	HUNTING DOGS

TERRAIN

O FARM FIELD O FLOODED FIELD O LAKE O MARSH O POND O RIVER O TIMBER

SPECIES	SEX	BLIND #	BAND	BAND #
	M/F		O YES O NO	
	M/F		O YES O NO	
	M/F		O YES O NO	
	M/F		O YES O NO	
	M/F		O YES O NO	
	M/F		O YES O NO	
	M/F		O YES O NO	
	M/F		O YES O NO	
	M/F		O YES O NO	
	M/F		O YES O NO	
	M/F		O YES O NO	
	M/F		O YES O NO	

DUCK HUNTING LOG

DATE		LOCATION	
TIME		WEATHER CONDITIONS	
AM/PM		WIND CONDITIONS	
TEMPERATURE		WIND DIRECTION	

GEAR

FIREARMS	
AMMO	
CALLS	

COMPANIONS

HUNTING BUDDIES	HUNTING DOGS

TERRAIN

O FARM FIELD O FLOODED FIELD O LAKE O MARSH O POND O RIVER O TIMBER

SPECIES	SEX	BLIND #	BAND	BAND #
	M/F		O YES O NO	
	M/F		O YES O NO	
	M/F		O YES O NO	
	M/F		O YES O NO	
	M/F		O YES O NO	
	M/F		O YES O NO	
	M/F		O YES O NO	
	M/F		O YES O NO	
	M/F		O YES O NO	
	M/F		O YES O NO	
	M/F		O YES O NO	
	M/F		O YES O NO	

DUCK HUNTING LOG

DATE		LOCATION	
TIME		WEATHER CONDITIONS	
AM/PM		WIND CONDITIONS	
TEMPERATURE		WIND DIRECTION	

GEAR

FIREARMS	
AMMO	
CALLS	

COMPANIONS

HUNTING BUDDIES	HUNTING DOGS

TERRAIN

O FARM FIELD O FLOODED FIELD O LAKE O MARSH O POND O RIVER O TIMBER

SPECIES	SEX	BLIND #	BAND	BAND #
	M/F		O YES O NO	
	M/F		O YES O NO	
	M/F		O YES O NO	
	M/F		O YES O NO	
	M/F		O YES O NO	
	M/F		O YES O NO	
	M/F		O YES O NO	
	M/F		O YES O NO	
	M/F		O YES O NO	
	M/F		O YES O NO	
	M/F		O YES O NO	
	M/F		O YES O NO	

DUCK HUNTING LOG

DATE		LOCATION			
TIME		WEATHER CONDITIONS			
AM/PM		WIND CONDITIONS			
TEMPERATURE		WIND DIRECTION			

GEAR

FIREARMS	
AMMO	
CALLS	

COMPANIONS

HUNTING BUDDIES	HUNTING DOGS

TERRAIN

O FARM FIELD O FLOODED FIELD O LAKE O MARSH O POND O RIVER O TIMBER

SPECIES	SEX	BLIND #	BAND	BAND #
	M/F		O YES O NO	
	M/F		O YES O NO	
	M/F		O YES O NO	
	M/F		O YES O NO	
	M/F		O YES O NO	
	M/F		O YES O NO	
	M/F		O YES O NO	
	M/F		O YES O NO	
	M/F		O YES O NO	
	M/F		O YES O NO	
	M/F		O YES O NO	
	M/F		O YES O NO	

DUCK HUNTING LOG

DATE		LOCATION	
TIME		WEATHER CONDITIONS	
AM/PM		WIND CONDITIONS	
TEMPERATURE		WIND DIRECTION	

GEAR

FIREARMS	
AMMO	
CALLS	

COMPANIONS

HUNTING BUDDIES	HUNTING DOGS

TERRAIN

O FARM FIELD O FLOODED FIELD O LAKE O MARSH O POND O RIVER O TIMBER

SPECIES	SEX	BLIND #	BAND	BAND #
	M/F		O YES O NO	
	M/F		O YES O NO	
	M/F		O YES O NO	
	M/F		O YES O NO	
	M/F		O YES O NO	
	M/F		O YES O NO	
	M/F		O YES O NO	
	M/F		O YES O NO	
	M/F		O YES O NO	
	M/F		O YES O NO	
	M/F		O YES O NO	
	M/F		O YES O NO	

DUCK HUNTING LOG

DATE		LOCATION	
TIME		WEATHER CONDITIONS	
AM/PM		WIND CONDITIONS	
TEMPERATURE		WIND DIRECTION	

GEAR

FIREARMS	
AMMO	
CALLS	

COMPANIONS

HUNTING BUDDIES	HUNTING DOGS

TERRAIN

O FARM FIELD O FLOODED FIELD O LAKE O MARSH O POND O RIVER O TIMBER

SPECIES	SEX	BLIND #	BAND	BAND #
	M/F		O YES O NO	
	M/F		O YES O NO	
	M/F		O YES O NO	
	M/F		O YES O NO	
	M/F		O YES O NO	
	M/F		O YES O NO	
	M/F		O YES O NO	
	M/F		O YES O NO	
	M/F		O YES O NO	
	M/F		O YES O NO	
	M/F		O YES O NO	
	M/F		O YES O NO	

DUCK HUNTING LOG

DATE		LOCATION	
TIME		WEATHER CONDITIONS	
AM/PM		WIND CONDITIONS	
TEMPERATURE		WIND DIRECTION	

GEAR

FIREARMS	
AMMO	
CALLS	

COMPANIONS

HUNTING BUDDIES	HUNTING DOGS

TERRAIN

O FARM FIELD O FLOODED FIELD O LAKE O MARSH O POND O RIVER O TIMBER

SPECIES	SEX	BLIND #	BAND	BAND #
	M/F		O YES O NO	
	M/F		O YES O NO	
	M/F		O YES O NO	
	M/F		O YES O NO	
	M/F		O YES O NO	
	M/F		O YES O NO	
	M/F		O YES O NO	
	M/F		O YES O NO	
	M/F		O YES O NO	
	M/F		O YES O NO	
	M/F		O YES O NO	
	M/F		O YES O NO	

DUCK HUNTING LOG

DATE		LOCATION	
TIME		WEATHER CONDITIONS	
AM/PM		WIND CONDITIONS	
TEMPERATURE		WIND DIRECTION	

GEAR

FIREARMS	
AMMO	
CALLS	

COMPANIONS

HUNTING BUDDIES	HUNTING DOGS

TERRAIN

O FARM FIELD O FLOODED FIELD O LAKE O MARSH O POND O RIVER O TIMBER

SPECIES	SEX	BLIND #	BAND	BAND #
	M/F		O YES O NO	
	M/F		O YES O NO	
	M/F		O YES O NO	
	M/F		O YES O NO	
	M/F		O YES O NO	
	M/F		O YES O NO	
	M/F		O YES O NO	
	M/F		O YES O NO	
	M/F		O YES O NO	
	M/F		O YES O NO	
	M/F		O YES O NO	
	M/F		O YES O NO	

DUCK HUNTING LOG

DATE		LOCATION	
TIME		WEATHER CONDITIONS	
AM/PM		WIND CONDITIONS	
TEMPERATURE		WIND DIRECTION	

GEAR

FIREARMS	
AMMO	
CALLS	

COMPANIONS

HUNTING BUDDIES	HUNTING DOGS

TERRAIN

O FARM FIELD O FLOODED FIELD O LAKE O MARSH O POND O RIVER O TIMBER

SPECIES	SEX	BLIND #	BAND	BAND #
	M/F		O YES O NO	
	M/F		O YES O NO	
	M/F		O YES O NO	
	M/F		O YES O NO	
	M/F		O YES O NO	
	M/F		O YES O NO	
	M/F		O YES O NO	
	M/F		O YES O NO	
	M/F		O YES O NO	
	M/F		O YES O NO	
	M/F		O YES O NO	
	M/F		O YES O NO	

DUCK HUNTING LOG

DATE		LOCATION	
TIME		WEATHER CONDITIONS	
AM/PM		WIND CONDITIONS	
TEMPERATURE		WIND DIRECTION	

GEAR

FIREARMS	
AMMO	
CALLS	

COMPANIONS

HUNTING BUDDIES	HUNTING DOGS

TERRAIN

O FARM FIELD O FLOODED FIELD O LAKE O MARSH O POND O RIVER O TIMBER

SPECIES	SEX	BLIND #	BAND	BAND #
	M/F		O YES O NO	
	M/F		O YES O NO	
	M/F		O YES O NO	
	M/F		O YES O NO	
	M/F		O YES O NO	
	M/F		O YES O NO	
	M/F		O YES O NO	
	M/F		O YES O NO	
	M/F		O YES O NO	
	M/F		O YES O NO	
	M/F		O YES O NO	
	M/F		O YES O NO	

DUCK HUNTING LOG

DATE		LOCATION	
TIME		WEATHER CONDITIONS	
AM/PM		WIND CONDITIONS	
TEMPERATURE		WIND DIRECTION	

GEAR

FIREARMS	
AMMO	
CALLS	

COMPANIONS

HUNTING BUDDIES	HUNTING DOGS

TERRAIN

O FARM FIELD O FLOODED FIELD O LAKE O MARSH O POND O RIVER O TIMBER

SPECIES	SEX	BLIND #	BAND	BAND #
	M/F		O YES O NO	
	M/F		O YES O NO	
	M/F		O YES O NO	
	M/F		O YES O NO	
	M/F		O YES O NO	
	M/F		O YES O NO	
	M/F		O YES O NO	
	M/F		O YES O NO	
	M/F		O YES O NO	
	M/F		O YES O NO	
	M/F		O YES O NO	
	M/F		O YES O NO	

DUCK HUNTING LOG

DATE		LOCATION	
TIME		WEATHER CONDITIONS	
AM/PM		WIND CONDITIONS	
TEMPERATURE		WIND DIRECTION	

GEAR

FIREARMS	
AMMO	
CALLS	

COMPANIONS

HUNTING BUDDIES	HUNTING DOGS

TERRAIN

O FARM FIELD O FLOODED FIELD O LAKE O MARSH O POND O RIVER O TIMBER

SPECIES	SEX	BLIND #	BAND	BAND #
	M/F		O YES O NO	
	M/F		O YES O NO	
	M/F		O YES O NO	
	M/F		O YES O NO	
	M/F		O YES O NO	
	M/F		O YES O NO	
	M/F		O YES O NO	
	M/F		O YES O NO	
	M/F		O YES O NO	
	M/F		O YES O NO	
	M/F		O YES O NO	
	M/F		O YES O NO	

DUCK HUNTING LOG

DATE		LOCATION	
TIME		WEATHER CONDITIONS	
AM/PM		WIND CONDITIONS	
TEMPERATURE		WIND DIRECTION	

GEAR

FIREARMS	
AMMO	
CALLS	

COMPANIONS

HUNTING BUDDIES	HUNTING DOGS

TERRAIN

O FARM FIELD O FLOODED FIELD O LAKE O MARSH O POND O RIVER O TIMBER

SPECIES	SEX	BLIND #	BAND	BAND #
	M/F		O YES O NO	
	M/F		O YES O NO	
	M/F		O YES O NO	
	M/F		O YES O NO	
	M/F		O YES O NO	
	M/F		O YES O NO	
	M/F		O YES O NO	
	M/F		O YES O NO	
	M/F		O YES O NO	
	M/F		O YES O NO	
	M/F		O YES O NO	
	M/F		O YES O NO	

DUCK HUNTING LOG

DATE		LOCATION	
TIME		WEATHER CONDITIONS	
AM/PM		WIND CONDITIONS	
TEMPERATURE		WIND DIRECTION	

GEAR

FIREARMS	
AMMO	
CALLS	

COMPANIONS

HUNTING BUDDIES	HUNTING DOGS

TERRAIN

O FARM FIELD O FLOODED FIELD O LAKE O MARSH O POND O RIVER O TIMBER

SPECIES	SEX	BLIND #	BAND	BAND #
	M/F		O YES O NO	
	M/F		O YES O NO	
	M/F		O YES O NO	
	M/F		O YES O NO	
	M/F		O YES O NO	
	M/F		O YES O NO	
	M/F		O YES O NO	
	M/F		O YES O NO	
	M/F		O YES O NO	
	M/F		O YES O NO	
	M/F		O YES O NO	
	M/F		O YES O NO	

DUCK HUNTING LOG

DATE		LOCATION	
TIME		WEATHER CONDITIONS	
AM/PM		WIND CONDITIONS	
TEMPERATURE		WIND DIRECTION	

GEAR

FIREARMS	
AMMO	
CALLS	

COMPANIONS

HUNTING BUDDIES	HUNTING DOGS

TERRAIN

O FARM FIELD O FLOODED FIELD O LAKE O MARSH O POND O RIVER O TIMBER

SPECIES	SEX	BLIND #	BAND	BAND #
	M/F		O YES O NO	
	M/F		O YES O NO	
	M/F		O YES O NO	
	M/F		O YES O NO	
	M/F		O YES O NO	
	M/F		O YES O NO	
	M/F		O YES O NO	
	M/F		O YES O NO	
	M/F		O YES O NO	
	M/F		O YES O NO	
	M/F		O YES O NO	
	M/F		O YES O NO	
	M/F		O YES O NO	

DUCK HUNTING LOG

DATE		LOCATION	
TIME		WEATHER CONDITIONS	
AM/PM		WIND CONDITIONS	
TEMPERATURE		WIND DIRECTION	

GEAR

FIREARMS	
AMMO	
CALLS	

COMPANIONS

HUNTING BUDDIES	HUNTING DOGS

TERRAIN

O FARM FIELD O FLOODED FIELD O LAKE O MARSH O POND O RIVER O TIMBER

SPECIES	SEX	BLIND #	BAND	BAND #
	M/F		O YES O NO	
	M/F		O YES O NO	
	M/F		O YES O NO	
	M/F		O YES O NO	
	M/F		O YES O NO	
	M/F		O YES O NO	
	M/F		O YES O NO	
	M/F		O YES O NO	
	M/F		O YES O NO	
	M/F		O YES O NO	
	M/F		O YES O NO	
	M/F		O YES O NO	

DUCK HUNTING LOG

DATE		LOCATION	
TIME		WEATHER CONDITIONS	
AM/PM		WIND CONDITIONS	
TEMPERATURE		WIND DIRECTION	

GEAR

FIREARMS	
AMMO	
CALLS	

COMPANIONS

HUNTING BUDDIES	HUNTING DOGS

TERRAIN

O FARM FIELD O FLOODED FIELD O LAKE O MARSH O POND O RIVER O TIMBER

SPECIES	SEX	BLIND #	BAND	BAND #
	M/F		O YES O NO	
	M/F		O YES O NO	
	M/F		O YES O NO	
	M/F		O YES O NO	
	M/F		O YES O NO	
	M/F		O YES O NO	
	M/F		O YES O NO	
	M/F		O YES O NO	
	M/F		O YES O NO	
	M/F		O YES O NO	
	M/F		O YES O NO	
	M/F		O YES O NO	

DUCK HUNTING LOG

DATE		LOCATION	
TIME		WEATHER CONDITIONS	
AM/PM		WIND CONDITIONS	
TEMPERATURE		WIND DIRECTION	

GEAR

FIREARMS	
AMMO	
CALLS	

COMPANIONS

HUNTING BUDDIES	HUNTING DOGS

TERRAIN

O FARM FIELD O FLOODED FIELD O LAKE O MARSH O POND O RIVER O TIMBER

SPECIES	SEX	BLIND #	BAND	BAND #
	M/F		O YES O NO	
	M/F		O YES O NO	
	M/F		O YES O NO	
	M/F		O YES O NO	
	M/F		O YES O NO	
	M/F		O YES O NO	
	M/F		O YES O NO	
	M/F		O YES O NO	
	M/F		O YES O NO	
	M/F		O YES O NO	
	M/F		O YES O NO	
	M/F		O YES O NO	

DUCK HUNTING LOG

DATE		LOCATION	
TIME		WEATHER CONDITIONS	
AM/PM		WIND CONDITIONS	
TEMPERATURE		WIND DIRECTION	

GEAR

FIREARMS	
AMMO	
CALLS	

COMPANIONS

HUNTING BUDDIES	HUNTING DOGS

TERRAIN

O FARM FIELD O FLOODED FIELD O LAKE O MARSH O POND O RIVER O TIMBER

SPECIES	SEX	BLIND #	BAND	BAND #
	M/F		O YES O NO	
	M/F		O YES O NO	
	M/F		O YES O NO	
	M/F		O YES O NO	
	M/F		O YES O NO	
	M/F		O YES O NO	
	M/F		O YES O NO	
	M/F		O YES O NO	
	M/F		O YES O NO	
	M/F		O YES O NO	
	M/F		O YES O NO	
	M/F		O YES O NO	

DUCK HUNTING LOG

DATE		LOCATION	
TIME		WEATHER CONDITIONS	
AM/PM		WIND CONDITIONS	
TEMPERATURE		WIND DIRECTION	

GEAR

FIREARMS	
AMMO	
CALLS	

COMPANIONS

HUNTING BUDDIES	HUNTING DOGS

TERRAIN

O FARM FIELD O FLOODED FIELD O LAKE O MARSH O POND O RIVER O TIMBER

SPECIES	SEX	BLIND #	BAND	BAND #
	M/F		O YES O NO	
	M/F		O YES O NO	
	M/F		O YES O NO	
	M/F		O YES O NO	
	M/F		O YES O NO	
	M/F		O YES O NO	
	M/F		O YES O NO	
	M/F		O YES O NO	
	M/F		O YES O NO	
	M/F		O YES O NO	
	M/F		O YES O NO	
	M/F		O YES O NO	

DUCK HUNTING LOG

DATE		LOCATION	
TIME		WEATHER CONDITIONS	
AM/PM		WIND CONDITIONS	
TEMPERATURE		WIND DIRECTION	

GEAR

FIREARMS	
AMMO	
CALLS	

COMPANIONS

HUNTING BUDDIES	HUNTING DOGS

TERRAIN

O FARM FIELD O FLOODED FIELD O LAKE O MARSH O POND O RIVER O TIMBER

SPECIES	SEX	BLIND #	BAND	BAND #
	M/F		O YES O NO	
	M/F		O YES O NO	
	M/F		O YES O NO	
	M/F		O YES O NO	
	M/F		O YES O NO	
	M/F		O YES O NO	
	M/F		O YES O NO	
	M/F		O YES O NO	
	M/F		O YES O NO	
	M/F		O YES O NO	
	M/F		O YES O NO	
	M/F		O YES O NO	

DUCK HUNTING LOG

DATE		LOCATION	
TIME		WEATHER CONDITIONS	
AM/PM		WIND CONDITIONS	
TEMPERATURE		WIND DIRECTION	

GEAR

FIREARMS	
AMMO	
CALLS	

COMPANIONS

HUNTING BUDDIES	HUNTING DOGS

TERRAIN

O FARM FIELD O FLOODED FIELD O LAKE O MARSH O POND O RIVER O TIMBER

SPECIES	SEX	BLIND #	BAND	BAND #
	M/F		O YES O NO	
	M/F		O YES O NO	
	M/F		O YES O NO	
	M/F		O YES O NO	
	M/F		O YES O NO	
	M/F		O YES O NO	
	M/F		O YES O NO	
	M/F		O YES O NO	
	M/F		O YES O NO	
	M/F		O YES O NO	
	M/F		O YES O NO	
	M/F		O YES O NO	

DUCK HUNTING LOG

DATE		LOCATION	
TIME		WEATHER CONDITIONS	
AM/PM		WIND CONDITIONS	
TEMPERATURE		WIND DIRECTION	

GEAR

FIREARMS	
AMMO	
CALLS	

COMPANIONS

HUNTING BUDDIES	HUNTING DOGS

TERRAIN

O FARM FIELD O FLOODED FIELD O LAKE O MARSH O POND O RIVER O TIMBER

SPECIES	SEX	BLIND #	BAND	BAND #
	M/F		O YES O NO	
	M/F		O YES O NO	
	M/F		O YES O NO	
	M/F		O YES O NO	
	M/F		O YES O NO	
	M/F		O YES O NO	
	M/F		O YES O NO	
	M/F		O YES O NO	
	M/F		O YES O NO	
	M/F		O YES O NO	
	M/F		O YES O NO	
	M/F		O YES O NO	

DUCK HUNTING LOG

DATE		LOCATION	
TIME		WEATHER CONDITIONS	
AM/PM		WIND CONDITIONS	
TEMPERATURE		WIND DIRECTION	

GEAR

FIREARMS	
AMMO	
CALLS	

COMPANIONS

HUNTING BUDDIES	HUNTING DOGS

TERRAIN

O FARM FIELD O FLOODED FIELD O LAKE O MARSH O POND O RIVER O TIMBER

SPECIES	SEX	BLIND #	BAND	BAND #
	M/F		O YES O NO	
	M/F		O YES O NO	
	M/F		O YES O NO	
	M/F		O YES O NO	
	M/F		O YES O NO	
	M/F		O YES O NO	
	M/F		O YES O NO	
	M/F		O YES O NO	
	M/F		O YES O NO	
	M/F		O YES O NO	
	M/F		O YES O NO	
	M/F		O YES O NO	

DUCK HUNTING LOG

DATE		LOCATION	
TIME		WEATHER CONDITIONS	
AM/PM		WIND CONDITIONS	
TEMPERATURE		WIND DIRECTION	

GEAR

FIREARMS	
AMMO	
CALLS	

COMPANIONS

HUNTING BUDDIES	HUNTING DOGS

TERRAIN

O FARM FIELD O FLOODED FIELD O LAKE O MARSH O POND O RIVER O TIMBER

SPECIES	SEX	BLIND #	BAND	BAND #
	M/F		O YES O NO	
	M/F		O YES O NO	
	M/F		O YES O NO	
	M/F		O YES O NO	
	M/F		O YES O NO	
	M/F		O YES O NO	
	M/F		O YES O NO	
	M/F		O YES O NO	
	M/F		O YES O NO	
	M/F		O YES O NO	
	M/F		O YES O NO	
	M/F		O YES O NO	

DUCK HUNTING LOG

DATE		LOCATION	
TIME		WEATHER CONDITIONS	
AM/PM		WIND CONDITIONS	
TEMPERATURE		WIND DIRECTION	

GEAR

FIREARMS	
AMMO	
CALLS	

COMPANIONS

HUNTING BUDDIES	HUNTING DOGS

TERRAIN

O FARM FIELD O FLOODED FIELD O LAKE O MARSH O POND O RIVER O TIMBER

SPECIES	SEX	BLIND #	BAND	BAND #
	M/F		O YES O NO	
	M/F		O YES O NO	
	M/F		O YES O NO	
	M/F		O YES O NO	
	M/F		O YES O NO	
	M/F		O YES O NO	
	M/F		O YES O NO	
	M/F		O YES O NO	
	M/F		O YES O NO	
	M/F		O YES O NO	
	M/F		O YES O NO	
	M/F		O YES O NO	

DUCK HUNTING LOG

DATE		LOCATION	
TIME		WEATHER CONDITIONS	
AM/PM		WIND CONDITIONS	
TEMPERATURE		WIND DIRECTION	

GEAR

FIREARMS	
AMMO	
CALLS	

COMPANIONS

HUNTING BUDDIES	HUNTING DOGS

TERRAIN

O FARM FIELD O FLOODED FIELD O LAKE O MARSH O POND O RIVER O TIMBER

SPECIES	SEX	BLIND #	BAND	BAND #
	M/F		O YES O NO	
	M/F		O YES O NO	
	M/F		O YES O NO	
	M/F		O YES O NO	
	M/F		O YES O NO	
	M/F		O YES O NO	
	M/F		O YES O NO	
	M/F		O YES O NO	
	M/F		O YES O NO	
	M/F		O YES O NO	
	M/F		O YES O NO	
	M/F		O YES O NO	

DUCK HUNTING LOG

DATE		LOCATION	
TIME		WEATHER CONDITIONS	
AM/PM		WIND CONDITIONS	
TEMPERATURE		WIND DIRECTION	

GEAR

FIREARMS	
AMMO	
CALLS	

COMPANIONS

HUNTING BUDDIES	HUNTING DOGS

TERRAIN

O FARM FIELD O FLOODED FIELD O LAKE O MARSH O POND O RIVER O TIMBER

SPECIES	SEX	BLIND #	BAND	BAND #
	M/F		O YES O NO	
	M/F		O YES O NO	
	M/F		O YES O NO	
	M/F		O YES O NO	
	M/F		O YES O NO	
	M/F		O YES O NO	
	M/F		O YES O NO	
	M/F		O YES O NO	
	M/F		O YES O NO	
	M/F		O YES O NO	
	M/F		O YES O NO	
	M/F		O YES O NO	

DUCK HUNTING LOG

DATE		LOCATION	
TIME		WEATHER CONDITIONS	
AM/PM		WIND CONDITIONS	
TEMPERATURE		WIND DIRECTION	

GEAR

FIREARMS	
AMMO	
CALLS	

COMPANIONS

HUNTING BUDDIES	HUNTING DOGS

TERRAIN

O FARM FIELD O FLOODED FIELD O LAKE O MARSH O POND O RIVER O TIMBER

SPECIES	SEX	BLIND #	BAND	BAND #
	M/F		O YES O NO	
	M/F		O YES O NO	
	M/F		O YES O NO	
	M/F		O YES O NO	
	M/F		O YES O NO	
	M/F		O YES O NO	
	M/F		O YES O NO	
	M/F		O YES O NO	
	M/F		O YES O NO	
	M/F		O YES O NO	
	M/F		O YES O NO	
	M/F		O YES O NO	

DUCK HUNTING LOG

DATE		LOCATION	
TIME		WEATHER CONDITIONS	
AM/PM		WIND CONDITIONS	
TEMPERATURE		WIND DIRECTION	

GEAR

FIREARMS	
AMMO	
CALLS	

COMPANIONS

HUNTING BUDDIES	HUNTING DOGS

TERRAIN

O FARM FIELD O FLOODED FIELD O LAKE O MARSH O POND O RIVER O TIMBER

SPECIES	SEX	BLIND #	BAND	BAND #
	M/F		O YES O NO	
	M/F		O YES O NO	
	M/F		O YES O NO	
	M/F		O YES O NO	
	M/F		O YES O NO	
	M/F		O YES O NO	
	M/F		O YES O NO	
	M/F		O YES O NO	
	M/F		O YES O NO	
	M/F		O YES O NO	
	M/F		O YES O NO	
	M/F		O YES O NO	

DUCK HUNTING LOG

DATE		LOCATION	
TIME		WEATHER CONDITIONS	
AM/PM		WIND CONDITIONS	
TEMPERATURE		WIND DIRECTION	

GEAR

FIREARMS	
AMMO	
CALLS	

COMPANIONS

HUNTING BUDDIES	HUNTING DOGS

TERRAIN

O FARM FIELD O FLOODED FIELD O LAKE O MARSH O POND O RIVER O TIMBER

SPECIES	SEX	BLIND #	BAND	BAND #
	M/F		O YES O NO	
	M/F		O YES O NO	
	M/F		O YES O NO	
	M/F		O YES O NO	
	M/F		O YES O NO	
	M/F		O YES O NO	
	M/F		O YES O NO	
	M/F		O YES O NO	
	M/F		O YES O NO	
	M/F		O YES O NO	
	M/F		O YES O NO	
	M/F		O YES O NO	

DUCK HUNTING LOG

DATE		LOCATION	
TIME		WEATHER CONDITIONS	
AM/PM		WIND CONDITIONS	
TEMPERATURE		WIND DIRECTION	

GEAR

FIREARMS	
AMMO	
CALLS	

COMPANIONS

HUNTING BUDDIES	HUNTING DOGS

TERRAIN

O FARM FIELD O FLOODED FIELD O LAKE O MARSH O POND O RIVER O TIMBER

SPECIES	SEX	BLIND #	BAND	BAND #
	M/F		O YES O NO	
	M/F		O YES O NO	
	M/F		O YES O NO	
	M/F		O YES O NO	
	M/F		O YES O NO	
	M/F		O YES O NO	
	M/F		O YES O NO	
	M/F		O YES O NO	
	M/F		O YES O NO	
	M/F		O YES O NO	
	M/F		O YES O NO	
	M/F		O YES O NO	

DUCK HUNTING LOG

DATE		LOCATION	
TIME		WEATHER CONDITIONS	
AM/PM		WIND CONDITIONS	
TEMPERATURE		WIND DIRECTION	

GEAR

FIREARMS	
AMMO	
CALLS	

COMPANIONS

HUNTING BUDDIES	HUNTING DOGS

TERRAIN

O FARM FIELD O FLOODED FIELD O LAKE O MARSH O POND O RIVER O TIMBER

SPECIES	SEX	BLIND #	BAND	BAND #
	M/F		O YES O NO	
	M/F		O YES O NO	
	M/F		O YES O NO	
	M/F		O YES O NO	
	M/F		O YES O NO	
	M/F		O YES O NO	
	M/F		O YES O NO	
	M/F		O YES O NO	
	M/F		O YES O NO	
	M/F		O YES O NO	
	M/F		O YES O NO	
	M/F		O YES O NO	

DUCK HUNTING LOG

DATE		LOCATION	
TIME		WEATHER CONDITIONS	
AM/PM		WIND CONDITIONS	
TEMPERATURE		WIND DIRECTION	

GEAR

FIREARMS	
AMMO	
CALLS	

COMPANIONS

HUNTING BUDDIES	HUNTING DOGS

TERRAIN

O FARM FIELD O FLOODED FIELD O LAKE O MARSH O POND O RIVER O TIMBER

SPECIES	SEX	BLIND #	BAND	BAND #
	M/F		O YES O NO	
	M/F		O YES O NO	
	M/F		O YES O NO	
	M/F		O YES O NO	
	M/F		O YES O NO	
	M/F		O YES O NO	
	M/F		O YES O NO	
	M/F		O YES O NO	
	M/F		O YES O NO	
	M/F		O YES O NO	
	M/F		O YES O NO	
	M/F		O YES O NO	

DUCK HUNTING LOG

DATE		LOCATION	
TIME		WEATHER CONDITIONS	
AM/PM		WIND CONDITIONS	
TEMPERATURE		WIND DIRECTION	

GEAR

FIREARMS	
AMMO	
CALLS	

COMPANIONS

HUNTING BUDDIES	HUNTING DOGS

TERRAIN

O FARM FIELD O FLOODED FIELD O LAKE O MARSH O POND O RIVER O TIMBER

SPECIES	SEX	BLIND #	BAND	BAND #
	M/F		O YES O NO	
	M/F		O YES O NO	
	M/F		O YES O NO	
	M/F		O YES O NO	
	M/F		O YES O NO	
	M/F		O YES O NO	
	M/F		O YES O NO	
	M/F		O YES O NO	
	M/F		O YES O NO	
	M/F		O YES O NO	
	M/F		O YES O NO	
	M/F		O YES O NO	

DUCK HUNTING LOG

DATE		LOCATION		
TIME		WEATHER CONDITIONS		
AM/PM		WIND CONDITIONS		
TEMPERATURE		WIND DIRECTION		

GEAR

FIREARMS	
AMMO	
CALLS	

COMPANIONS

HUNTING BUDDIES	HUNTING DOGS

TERRAIN

O FARM FIELD O FLOODED FIELD O LAKE O MARSH O POND O RIVER O TIMBER

SPECIES	SEX	BLIND #	BAND	BAND #
	M/F		O YES O NO	
	M/F		O YES O NO	
	M/F		O YES O NO	
	M/F		O YES O NO	
	M/F		O YES O NO	
	M/F		O YES O NO	
	M/F		O YES O NO	
	M/F		O YES O NO	
	M/F		O YES O NO	
	M/F		O YES O NO	
	M/F		O YES O NO	
	M/F		O YES O NO	

DUCK HUNTING LOG

DATE		LOCATION	
TIME		WEATHER CONDITIONS	
AM/PM		WIND CONDITIONS	
TEMPERATURE		WIND DIRECTION	

GEAR

FIREARMS	
AMMO	
CALLS	

COMPANIONS

HUNTING BUDDIES	HUNTING DOGS

TERRAIN

O FARM FIELD O FLOODED FIELD O LAKE O MARSH O POND O RIVER O TIMBER

SPECIES	SEX	BLIND #	BAND	BAND #
	M/F		O YES O NO	
	M/F		O YES O NO	
	M/F		O YES O NO	
	M/F		O YES O NO	
	M/F		O YES O NO	
	M/F		O YES O NO	
	M/F		O YES O NO	
	M/F		O YES O NO	
	M/F		O YES O NO	
	M/F		O YES O NO	
	M/F		O YES O NO	
	M/F		O YES O NO	

DUCK HUNTING LOG

DATE		LOCATION	
TIME		WEATHER CONDITIONS	
AM/PM		WIND CONDITIONS	
TEMPERATURE		WIND DIRECTION	

GEAR

FIREARMS	
AMMO	
CALLS	

COMPANIONS

HUNTING BUDDIES	HUNTING DOGS

TERRAIN

O FARM FIELD O FLOODED FIELD O LAKE O MARSH O POND O RIVER O TIMBER

SPECIES	SEX	BLIND #	BAND	BAND #
	M/F		O YES O NO	
	M/F		O YES O NO	
	M/F		O YES O NO	
	M/F		O YES O NO	
	M/F		O YES O NO	
	M/F		O YES O NO	
	M/F		O YES O NO	
	M/F		O YES O NO	
	M/F		O YES O NO	
	M/F		O YES O NO	
	M/F		O YES O NO	
	M/F		O YES O NO	

DUCK HUNTING LOG

DATE		LOCATION	
TIME		WEATHER CONDITIONS	
AM/PM		WIND CONDITIONS	
TEMPERATURE		WIND DIRECTION	

GEAR

FIREARMS	
AMMO	
CALLS	

COMPANIONS

HUNTING BUDDIES	HUNTING DOGS

TERRAIN

O FARM FIELD O FLOODED FIELD O LAKE O MARSH O POND O RIVER O TIMBER

SPECIES	SEX	BLIND #	BAND	BAND #
	M/F		O YES O NO	
	M/F		O YES O NO	
	M/F		O YES O NO	
	M/F		O YES O NO	
	M/F		O YES O NO	
	M/F		O YES O NO	
	M/F		O YES O NO	
	M/F		O YES O NO	
	M/F		O YES O NO	
	M/F		O YES O NO	
	M/F		O YES O NO	
	M/F		O YES O NO	

DUCK HUNTING LOG

DATE		LOCATION	
TIME		WEATHER CONDITIONS	
AM/PM		WIND CONDITIONS	
TEMPERATURE		WIND DIRECTION	

GEAR

FIREARMS	
AMMO	
CALLS	

COMPANIONS

HUNTING BUDDIES	HUNTING DOGS

TERRAIN

O FARM FIELD O FLOODED FIELD O LAKE O MARSH O POND O RIVER O TIMBER

SPECIES	SEX	BLIND #	BAND	BAND #
	M/F		O YES O NO	
	M/F		O YES O NO	
	M/F		O YES O NO	
	M/F		O YES O NO	
	M/F		O YES O NO	
	M/F		O YES O NO	
	M/F		O YES O NO	
	M/F		O YES O NO	
	M/F		O YES O NO	
	M/F		O YES O NO	
	M/F		O YES O NO	
	M/F		O YES O NO	

DUCK HUNTING LOG

DATE		LOCATION	
TIME		WEATHER CONDITIONS	
AM/PM		WIND CONDITIONS	
TEMPERATURE		WIND DIRECTION	

GEAR

FIREARMS	
AMMO	
CALLS	

COMPANIONS

HUNTING BUDDIES	HUNTING DOGS

TERRAIN

O FARM FIELD O FLOODED FIELD O LAKE O MARSH O POND O RIVER O TIMBER

SPECIES	SEX	BLIND #	BAND	BAND #
	M/F		O YES O NO	
	M/F		O YES O NO	
	M/F		O YES O NO	
	M/F		O YES O NO	
	M/F		O YES O NO	
	M/F		O YES O NO	
	M/F		O YES O NO	
	M/F		O YES O NO	
	M/F		O YES O NO	
	M/F		O YES O NO	
	M/F		O YES O NO	
	M/F		O YES O NO	

DUCK HUNTING LOG

DATE		LOCATION	
TIME		WEATHER CONDITIONS	
AM/PM		WIND CONDITIONS	
TEMPERATURE		WIND DIRECTION	

GEAR

FIREARMS	
AMMO	
CALLS	

COMPANIONS

HUNTING BUDDIES	HUNTING DOGS

TERRAIN

O FARM FIELD O FLOODED FIELD O LAKE O MARSH O POND O RIVER O TIMBER

SPECIES	SEX	BLIND #	BAND	BAND #
	M/F		O YES O NO	
	M/F		O YES O NO	
	M/F		O YES O NO	
	M/F		O YES O NO	
	M/F		O YES O NO	
	M/F		O YES O NO	
	M/F		O YES O NO	
	M/F		O YES O NO	
	M/F		O YES O NO	
	M/F		O YES O NO	
	M/F		O YES O NO	
	M/F		O YES O NO	

DUCK HUNTING LOG

DATE		LOCATION	
TIME		WEATHER CONDITIONS	
AM/PM		WIND CONDITIONS	
TEMPERATURE		WIND DIRECTION	

GEAR

FIREARMS	
AMMO	
CALLS	

COMPANIONS

HUNTING BUDDIES	HUNTING DOGS

TERRAIN

O FARM FIELD O FLOODED FIELD O LAKE O MARSH O POND O RIVER O TIMBER

SPECIES	SEX	BLIND #	BAND	BAND #
	M/F		O YES O NO	
	M/F		O YES O NO	
	M/F		O YES O NO	
	M/F		O YES O NO	
	M/F		O YES O NO	
	M/F		O YES O NO	
	M/F		O YES O NO	
	M/F		O YES O NO	
	M/F		O YES O NO	
	M/F		O YES O NO	
	M/F		O YES O NO	
	M/F		O YES O NO	

DUCK HUNTING LOG

DATE		LOCATION	
TIME		WEATHER CONDITIONS	
AM/PM		WIND CONDITIONS	
TEMPERATURE		WIND DIRECTION	

GEAR

FIREARMS	
AMMO	
CALLS	

COMPANIONS

HUNTING BUDDIES	HUNTING DOGS

TERRAIN

O FARM FIELD O FLOODED FIELD O LAKE O MARSH O POND O RIVER O TIMBER

SPECIES	SEX	BLIND #	BAND	BAND #
	M/F		O YES O NO	
	M/F		O YES O NO	
	M/F		O YES O NO	
	M/F		O YES O NO	
	M/F		O YES O NO	
	M/F		O YES O NO	
	M/F		O YES O NO	
	M/F		O YES O NO	
	M/F		O YES O NO	
	M/F		O YES O NO	
	M/F		O YES O NO	
	M/F		O YES O NO	

DUCK HUNTING LOG

DATE		LOCATION	
TIME		WEATHER CONDITIONS	
AM/PM		WIND CONDITIONS	
TEMPERATURE		WIND DIRECTION	

GEAR

FIREARMS	
AMMO	
CALLS	

COMPANIONS

HUNTING BUDDIES	HUNTING DOGS

TERRAIN

O FARM FIELD O FLOODED FIELD O LAKE O MARSH O POND O RIVER O TIMBER

SPECIES	SEX	BLIND #	BAND	BAND #
	M/F		O YES O NO	
	M/F		O YES O NO	
	M/F		O YES O NO	
	M/F		O YES O NO	
	M/F		O YES O NO	
	M/F		O YES O NO	
	M/F		O YES O NO	
	M/F		O YES O NO	
	M/F		O YES O NO	
	M/F		O YES O NO	
	M/F		O YES O NO	
	M/F		O YES O NO	

DUCK HUNTING LOG

DATE		LOCATION	
TIME		WEATHER CONDITIONS	
AM/PM		WIND CONDITIONS	
TEMPERATURE		WIND DIRECTION	

GEAR

FIREARMS	
AMMO	
CALLS	

COMPANIONS

HUNTING BUDDIES	HUNTING DOGS

TERRAIN

O FARM FIELD O FLOODED FIELD O LAKE O MARSH O POND O RIVER O TIMBER

SPECIES	SEX	BLIND #	BAND	BAND #
	M/F		O YES O NO	
	M/F		O YES O NO	
	M/F		O YES O NO	
	M/F		O YES O NO	
	M/F		O YES O NO	
	M/F		O YES O NO	
	M/F		O YES O NO	
	M/F		O YES O NO	
	M/F		O YES O NO	
	M/F		O YES O NO	
	M/F		O YES O NO	
	M/F		O YES O NO	

DUCK HUNTING LOG

DATE		LOCATION	
TIME		WEATHER CONDITIONS	
AM/PM		WIND CONDITIONS	
TEMPERATURE		WIND DIRECTION	

GEAR

FIREARMS	
AMMO	
CALLS	

COMPANIONS

HUNTING BUDDIES	HUNTING DOGS

TERRAIN

O FARM FIELD O FLOODED FIELD O LAKE O MARSH O POND O RIVER O TIMBER

SPECIES	SEX	BLIND #	BAND	BAND #
	M/F		O YES O NO	
	M/F		O YES O NO	
	M/F		O YES O NO	
	M/F		O YES O NO	
	M/F		O YES O NO	
	M/F		O YES O NO	
	M/F		O YES O NO	
	M/F		O YES O NO	
	M/F		O YES O NO	
	M/F		O YES O NO	
	M/F		O YES O NO	
	M/F		O YES O NO	

DUCK HUNTING LOG

DATE		LOCATION	
TIME		WEATHER CONDITIONS	
AM/PM		WIND CONDITIONS	
TEMPERATURE		WIND DIRECTION	

GEAR

FIREARMS	
AMMO	
CALLS	

COMPANIONS

HUNTING BUDDIES	HUNTING DOGS

TERRAIN

O FARM FIELD O FLOODED FIELD O LAKE O MARSH O POND O RIVER O TIMBER

SPECIES	SEX	BLIND #	BAND	BAND #
	M/F		O YES O NO	
	M/F		O YES O NO	
	M/F		O YES O NO	
	M/F		O YES O NO	
	M/F		O YES O NO	
	M/F		O YES O NO	
	M/F		O YES O NO	
	M/F		O YES O NO	
	M/F		O YES O NO	
	M/F		O YES O NO	
	M/F		O YES O NO	
	M/F		O YES O NO	

DUCK HUNTING LOG

DATE		LOCATION	
TIME		WEATHER CONDITIONS	
AM/PM		WIND CONDITIONS	
TEMPERATURE		WIND DIRECTION	

GEAR

FIREARMS	
AMMO	
CALLS	

COMPANIONS

HUNTING BUDDIES	HUNTING DOGS

TERRAIN

O FARM FIELD O FLOODED FIELD O LAKE O MARSH O POND O RIVER O TIMBER

SPECIES	SEX	BLIND #	BAND	BAND #
	M/F		O YES O NO	
	M/F		O YES O NO	
	M/F		O YES O NO	
	M/F		O YES O NO	
	M/F		O YES O NO	
	M/F		O YES O NO	
	M/F		O YES O NO	
	M/F		O YES O NO	
	M/F		O YES O NO	
	M/F		O YES O NO	
	M/F		O YES O NO	
	M/F		O YES O NO	

DUCK HUNTING LOG

DATE		LOCATION	
TIME		WEATHER CONDITIONS	
AM/PM		WIND CONDITIONS	
TEMPERATURE		WIND DIRECTION	

GEAR

FIREARMS	
AMMO	
CALLS	

COMPANIONS

HUNTING BUDDIES	HUNTING DOGS

TERRAIN

O FARM FIELD O FLOODED FIELD O LAKE O MARSH O POND O RIVER O TIMBER

SPECIES	SEX	BLIND #	BAND	BAND #
	M/F		O YES O NO	
	M/F		O YES O NO	
	M/F		O YES O NO	
	M/F		O YES O NO	
	M/F		O YES O NO	
	M/F		O YES O NO	
	M/F		O YES O NO	
	M/F		O YES O NO	
	M/F		O YES O NO	
	M/F		O YES O NO	
	M/F		O YES O NO	
	M/F		O YES O NO	

DUCK HUNTING LOG

DATE		LOCATION	
TIME		WEATHER CONDITIONS	
AM/PM		WIND CONDITIONS	
TEMPERATURE		WIND DIRECTION	

GEAR

FIREARMS	
AMMO	
CALLS	

COMPANIONS

HUNTING BUDDIES	HUNTING DOGS

TERRAIN

O FARM FIELD O FLOODED FIELD O LAKE O MARSH O POND O RIVER O TIMBER

SPECIES	SEX	BLIND #	BAND	BAND #
	M/F		O YES O NO	
	M/F		O YES O NO	
	M/F		O YES O NO	
	M/F		O YES O NO	
	M/F		O YES O NO	
	M/F		O YES O NO	
	M/F		O YES O NO	
	M/F		O YES O NO	
	M/F		O YES O NO	
	M/F		O YES O NO	
	M/F		O YES O NO	
	M/F		O YES O NO	

DUCK HUNTING LOG

DATE		LOCATION	
TIME		WEATHER CONDITIONS	
AM/PM		WIND CONDITIONS	
TEMPERATURE		WIND DIRECTION	

GEAR

FIREARMS	
AMMO	
CALLS	

COMPANIONS

HUNTING BUDDIES	HUNTING DOGS

TERRAIN

O FARM FIELD O FLOODED FIELD O LAKE O MARSH O POND O RIVER O TIMBER

SPECIES	SEX	BLIND #	BAND	BAND #
	M/F		O YES O NO	
	M/F		O YES O NO	
	M/F		O YES O NO	
	M/F		O YES O NO	
	M/F		O YES O NO	
	M/F		O YES O NO	
	M/F		O YES O NO	
	M/F		O YES O NO	
	M/F		O YES O NO	
	M/F		O YES O NO	
	M/F		O YES O NO	
	M/F		O YES O NO	

DUCK HUNTING LOG

DATE		LOCATION	
TIME		WEATHER CONDITIONS	
AM/PM		WIND CONDITIONS	
TEMPERATURE		WIND DIRECTION	

GEAR

FIREARMS	
AMMO	
CALLS	

COMPANIONS

HUNTING BUDDIES	HUNTING DOGS

TERRAIN

O FARM FIELD O FLOODED FIELD O LAKE O MARSH O POND O RIVER O TIMBER

SPECIES	SEX	BLIND #	BAND	BAND #
	M/F		O YES O NO	
	M/F		O YES O NO	
	M/F		O YES O NO	
	M/F		O YES O NO	
	M/F		O YES O NO	
	M/F		O YES O NO	
	M/F		O YES O NO	
	M/F		O YES O NO	
	M/F		O YES O NO	
	M/F		O YES O NO	
	M/F		O YES O NO	
	M/F		O YES O NO	

DUCK HUNTING LOG

DATE		LOCATION	
TIME		WEATHER CONDITIONS	
AM/PM		WIND CONDITIONS	
TEMPERATURE		WIND DIRECTION	

GEAR

FIREARMS	
AMMO	
CALLS	

COMPANIONS

HUNTING BUDDIES	HUNTING DOGS

TERRAIN

O FARM FIELD O FLOODED FIELD O LAKE O MARSH O POND O RIVER O TIMBER

SPECIES	SEX	BLIND #	BAND	BAND #
	M/F		O YES O NO	
	M/F		O YES O NO	
	M/F		O YES O NO	
	M/F		O YES O NO	
	M/F		O YES O NO	
	M/F		O YES O NO	
	M/F		O YES O NO	
	M/F		O YES O NO	
	M/F		O YES O NO	
	M/F		O YES O NO	
	M/F		O YES O NO	
	M/F		O YES O NO	

DUCK HUNTING LOG

DATE		LOCATION	
TIME		WEATHER CONDITIONS	
AM/PM		WIND CONDITIONS	
TEMPERATURE		WIND DIRECTION	

GEAR

FIREARMS	
AMMO	
CALLS	

COMPANIONS

HUNTING BUDDIES	HUNTING DOGS

TERRAIN

O FARM FIELD O FLOODED FIELD O LAKE O MARSH O POND O RIVER O TIMBER

SPECIES	SEX	BLIND #	BAND	BAND #
	M/F		O YES O NO	
	M/F		O YES O NO	
	M/F		O YES O NO	
	M/F		O YES O NO	
	M/F		O YES O NO	
	M/F		O YES O NO	
	M/F		O YES O NO	
	M/F		O YES O NO	
	M/F		O YES O NO	
	M/F		O YES O NO	
	M/F		O YES O NO	
	M/F		O YES O NO	

DUCK HUNTING LOG

DATE		LOCATION	
TIME		WEATHER CONDITIONS	
AM/PM		WIND CONDITIONS	
TEMPERATURE		WIND DIRECTION	

GEAR

FIREARMS	
AMMO	
CALLS	

COMPANIONS

HUNTING BUDDIES	HUNTING DOGS

TERRAIN

O FARM FIELD O FLOODED FIELD O LAKE O MARSH O POND O RIVER O TIMBER

SPECIES	SEX	BLIND #	BAND	BAND #
	M/F		O YES O NO	
	M/F		O YES O NO	
	M/F		O YES O NO	
	M/F		O YES O NO	
	M/F		O YES O NO	
	M/F		O YES O NO	
	M/F		O YES O NO	
	M/F		O YES O NO	
	M/F		O YES O NO	
	M/F		O YES O NO	
	M/F		O YES O NO	
	M/F		O YES O NO	

DUCK HUNTING LOG

DATE		LOCATION	
TIME		WEATHER CONDITIONS	
AM/PM		WIND CONDITIONS	
TEMPERATURE		WIND DIRECTION	

GEAR

FIREARMS	
AMMO	
CALLS	

COMPANIONS

HUNTING BUDDIES	HUNTING DOGS

TERRAIN

O FARM FIELD O FLOODED FIELD O LAKE O MARSH O POND O RIVER O TIMBER

SPECIES	SEX	BLIND #	BAND	BAND #
	M/F		O YES O NO	
	M/F		O YES O NO	
	M/F		O YES O NO	
	M/F		O YES O NO	
	M/F		O YES O NO	
	M/F		O YES O NO	
	M/F		O YES O NO	
	M/F		O YES O NO	
	M/F		O YES O NO	
	M/F		O YES O NO	
	M/F		O YES O NO	
	M/F		O YES O NO	

DUCK HUNTING LOG

DATE		LOCATION	
TIME		WEATHER CONDITIONS	
AM/PM		WIND CONDITIONS	
TEMPERATURE		WIND DIRECTION	

GEAR

FIREARMS	
AMMO	
CALLS	

COMPANIONS

HUNTING BUDDIES	HUNTING DOGS

TERRAIN

O FARM FIELD O FLOODED FIELD O LAKE O MARSH O POND O RIVER O TIMBER

SPECIES	SEX	BLIND #	BAND	BAND #
	M/F		O YES O NO	
	M/F		O YES O NO	
	M/F		O YES O NO	
	M/F		O YES O NO	
	M/F		O YES O NO	
	M/F		O YES O NO	
	M/F		O YES O NO	
	M/F		O YES O NO	
	M/F		O YES O NO	
	M/F		O YES O NO	
	M/F		O YES O NO	
	M/F		O YES O NO	

DUCK HUNTING LOG

DATE		LOCATION	
TIME		WEATHER CONDITIONS	
AM/PM		WIND CONDITIONS	
TEMPERATURE		WIND DIRECTION	

GEAR

FIREARMS	
AMMO	
CALLS	

COMPANIONS

HUNTING BUDDIES	HUNTING DOGS

TERRAIN

O FARM FIELD O FLOODED FIELD O LAKE O MARSH O POND O RIVER O TIMBER

SPECIES	SEX	BLIND #	BAND	BAND #
	M/F		O YES O NO	
	M/F		O YES O NO	
	M/F		O YES O NO	
	M/F		O YES O NO	
	M/F		O YES O NO	
	M/F		O YES O NO	
	M/F		O YES O NO	
	M/F		O YES O NO	
	M/F		O YES O NO	
	M/F		O YES O NO	
	M/F		O YES O NO	
	M/F		O YES O NO	

DUCK HUNTING LOG

DATE		LOCATION	
TIME		WEATHER CONDITIONS	
AM/PM		WIND CONDITIONS	
TEMPERATURE		WIND DIRECTION	

GEAR

FIREARMS	
AMMO	
CALLS	

COMPANIONS

HUNTING BUDDIES	HUNTING DOGS

TERRAIN

O FARM FIELD O FLOODED FIELD O LAKE O MARSH O POND O RIVER O TIMBER

SPECIES	SEX	BLIND #	BAND	BAND #
	M/F		O YES O NO	
	M/F		O YES O NO	
	M/F		O YES O NO	
	M/F		O YES O NO	
	M/F		O YES O NO	
	M/F		O YES O NO	
	M/F		O YES O NO	
	M/F		O YES O NO	
	M/F		O YES O NO	
	M/F		O YES O NO	
	M/F		O YES O NO	
	M/F		O YES O NO	

DUCK HUNTING LOG

DATE		LOCATION	
TIME		WEATHER CONDITIONS	
AM/PM		WIND CONDITIONS	
TEMPERATURE		WIND DIRECTION	

GEAR

FIREARMS	
AMMO	
CALLS	

COMPANIONS

HUNTING BUDDIES	HUNTING DOGS

TERRAIN

O FARM FIELD O FLOODED FIELD O LAKE O MARSH O POND O RIVER O TIMBER

SPECIES	SEX	BLIND #	BAND	BAND #
	M/F		O YES O NO	
	M/F		O YES O NO	
	M/F		O YES O NO	
	M/F		O YES O NO	
	M/F		O YES O NO	
	M/F		O YES O NO	
	M/F		O YES O NO	
	M/F		O YES O NO	
	M/F		O YES O NO	
	M/F		O YES O NO	
	M/F		O YES O NO	
	M/F		O YES O NO	

DUCK HUNTING LOG

DATE		LOCATION	
TIME		WEATHER CONDITIONS	
AM/PM		WIND CONDITIONS	
TEMPERATURE		WIND DIRECTION	

GEAR

FIREARMS	
AMMO	
CALLS	

COMPANIONS

HUNTING BUDDIES	HUNTING DOGS

TERRAIN

O FARM FIELD O FLOODED FIELD O LAKE O MARSH O POND O RIVER O TIMBER

SPECIES	SEX	BLIND #	BAND	BAND #
	M/F		O YES O NO	
	M/F		O YES O NO	
	M/F		O YES O NO	
	M/F		O YES O NO	
	M/F		O YES O NO	
	M/F		O YES O NO	
	M/F		O YES O NO	
	M/F		O YES O NO	
	M/F		O YES O NO	
	M/F		O YES O NO	
	M/F		O YES O NO	
	M/F		O YES O NO	

DUCK HUNTING LOG

DATE		LOCATION	
TIME		WEATHER CONDITIONS	
AM/PM		WIND CONDITIONS	
TEMPERATURE		WIND DIRECTION	

GEAR

FIREARMS	
AMMO	
CALLS	

COMPANIONS

HUNTING BUDDIES	HUNTING DOGS

TERRAIN

O FARM FIELD O FLOODED FIELD O LAKE O MARSH O POND O RIVER O TIMBER

SPECIES	SEX	BLIND #	BAND	BAND #
	M/F		O YES O NO	
	M/F		O YES O NO	
	M/F		O YES O NO	
	M/F		O YES O NO	
	M/F		O YES O NO	
	M/F		O YES O NO	
	M/F		O YES O NO	
	M/F		O YES O NO	
	M/F		O YES O NO	
	M/F		O YES O NO	
	M/F		O YES O NO	
	M/F		O YES O NO	

DUCK HUNTING LOG

DATE		LOCATION		
TIME		WEATHER CONDITIONS		
AM/PM		WIND CONDITIONS		
TEMPERATURE		WIND DIRECTION		

GEAR

FIREARMS	
AMMO	
CALLS	

COMPANIONS

HUNTING BUDDIES	HUNTING DOGS

TERRAIN

O FARM FIELD O FLOODED FIELD O LAKE O MARSH O POND O RIVER O TIMBER

SPECIES	SEX	BLIND #	BAND	BAND #
	M/F		O YES O NO	
	M/F		O YES O NO	
	M/F		O YES O NO	
	M/F		O YES O NO	
	M/F		O YES O NO	
	M/F		O YES O NO	
	M/F		O YES O NO	
	M/F		O YES O NO	
	M/F		O YES O NO	
	M/F		O YES O NO	
	M/F		O YES O NO	
	M/F		O YES O NO	

DUCK HUNTING LOG

DATE		LOCATION	
TIME		WEATHER CONDITIONS	
AM/PM		WIND CONDITIONS	
TEMPERATURE		WIND DIRECTION	

GEAR

FIREARMS	
AMMO	
CALLS	

COMPANIONS

HUNTING BUDDIES	HUNTING DOGS

TERRAIN

O FARM FIELD O FLOODED FIELD O LAKE O MARSH O POND O RIVER O TIMBER

SPECIES	SEX	BLIND #	BAND	BAND #
	M/F		O YES O NO	
	M/F		O YES O NO	
	M/F		O YES O NO	
	M/F		O YES O NO	
	M/F		O YES O NO	
	M/F		O YES O NO	
	M/F		O YES O NO	
	M/F		O YES O NO	
	M/F		O YES O NO	
	M/F		O YES O NO	
	M/F		O YES O NO	
	M/F		O YES O NO	

DUCK HUNTING LOG

DATE		LOCATION	
TIME		WEATHER CONDITIONS	
AM/PM		WIND CONDITIONS	
TEMPERATURE		WIND DIRECTION	

GEAR

FIREARMS	
AMMO	
CALLS	

COMPANIONS

HUNTING BUDDIES	HUNTING DOGS

TERRAIN

O FARM FIELD O FLOODED FIELD O LAKE O MARSH O POND O RIVER O TIMBER

SPECIES	SEX	BLIND #	BAND	BAND #
	M/F		O YES O NO	
	M/F		O YES O NO	
	M/F		O YES O NO	
	M/F		O YES O NO	
	M/F		O YES O NO	
	M/F		O YES O NO	
	M/F		O YES O NO	
	M/F		O YES O NO	
	M/F		O YES O NO	
	M/F		O YES O NO	
	M/F		O YES O NO	
	M/F		O YES O NO	

DUCK HUNTING LOG

DATE		LOCATION	
TIME		WEATHER CONDITIONS	
AM/PM		WIND CONDITIONS	
TEMPERATURE		WIND DIRECTION	

GEAR

FIREARMS	
AMMO	
CALLS	

COMPANIONS

HUNTING BUDDIES	HUNTING DOGS

TERRAIN

O FARM FIELD O FLOODED FIELD O LAKE O MARSH O POND O RIVER O TIMBER

SPECIES	SEX	BLIND #	BAND	BAND #
	M/F		O YES O NO	
	M/F		O YES O NO	
	M/F		O YES O NO	
	M/F		O YES O NO	
	M/F		O YES O NO	
	M/F		O YES O NO	
	M/F		O YES O NO	
	M/F		O YES O NO	
	M/F		O YES O NO	
	M/F		O YES O NO	
	M/F		O YES O NO	
	M/F		O YES O NO	

DUCK HUNTING LOG

DATE		LOCATION	
TIME		WEATHER CONDITIONS	
AM/PM		WIND CONDITIONS	
TEMPERATURE		WIND DIRECTION	

GEAR

FIREARMS	
AMMO	
CALLS	

COMPANIONS

HUNTING BUDDIES	HUNTING DOGS

TERRAIN

O FARM FIELD O FLOODED FIELD O LAKE O MARSH O POND O RIVER O TIMBER

SPECIES	SEX	BLIND #	BAND	BAND #
	M/F		O YES O NO	
	M/F		O YES O NO	
	M/F		O YES O NO	
	M/F		O YES O NO	
	M/F		O YES O NO	
	M/F		O YES O NO	
	M/F		O YES O NO	
	M/F		O YES O NO	
	M/F		O YES O NO	
	M/F		O YES O NO	
	M/F		O YES O NO	
	M/F		O YES O NO	

DUCK HUNTING LOG

DATE		LOCATION	
TIME		WEATHER CONDITIONS	
AM/PM		WIND CONDITIONS	
TEMPERATURE		WIND DIRECTION	

GEAR

FIREARMS	
AMMO	
CALLS	

COMPANIONS

HUNTING BUDDIES	HUNTING DOGS

TERRAIN

O FARM FIELD O FLOODED FIELD O LAKE O MARSH O POND O RIVER O TIMBER

SPECIES	SEX	BLIND #	BAND	BAND #
	M/F		O YES O NO	
	M/F		O YES O NO	
	M/F		O YES O NO	
	M/F		O YES O NO	
	M/F		O YES O NO	
	M/F		O YES O NO	
	M/F		O YES O NO	
	M/F		O YES O NO	
	M/F		O YES O NO	
	M/F		O YES O NO	
	M/F		O YES O NO	
	M/F		O YES O NO	

DUCK HUNTING LOG

DATE		LOCATION	
TIME		WEATHER CONDITIONS	
AM/PM		WIND CONDITIONS	
TEMPERATURE		WIND DIRECTION	

GEAR

FIREARMS	
AMMO	
CALLS	

COMPANIONS

HUNTING BUDDIES	HUNTING DOGS

TERRAIN

O FARM FIELD O FLOODED FIELD O LAKE O MARSH O POND O RIVER O TIMBER

SPECIES	SEX	BLIND #	BAND	BAND #
	M/F		O YES O NO	
	M/F		O YES O NO	
	M/F		O YES O NO	
	M/F		O YES O NO	
	M/F		O YES O NO	
	M/F		O YES O NO	
	M/F		O YES O NO	
	M/F		O YES O NO	
	M/F		O YES O NO	
	M/F		O YES O NO	
	M/F		O YES O NO	
	M/F		O YES O NO	

DUCK HUNTING LOG

DATE		LOCATION	
TIME		WEATHER CONDITIONS	
AM/PM		WIND CONDITIONS	
TEMPERATURE		WIND DIRECTION	

GEAR

FIREARMS	
AMMO	
CALLS	

COMPANIONS

HUNTING BUDDIES	HUNTING DOGS

TERRAIN

O FARM FIELD O FLOODED FIELD O LAKE O MARSH O POND O RIVER O TIMBER

SPECIES	SEX	BLIND #	BAND	BAND #
	M/F		O YES O NO	
	M/F		O YES O NO	
	M/F		O YES O NO	
	M/F		O YES O NO	
	M/F		O YES O NO	
	M/F		O YES O NO	
	M/F		O YES O NO	
	M/F		O YES O NO	
	M/F		O YES O NO	
	M/F		O YES O NO	
	M/F		O YES O NO	
	M/F		O YES O NO	
	M/F		O YES O NO	

DUCK HUNTING LOG

DATE		LOCATION	
TIME		WEATHER CONDITIONS	
AM/PM		WIND CONDITIONS	
TEMPERATURE		WIND DIRECTION	

GEAR

FIREARMS	
AMMO	
CALLS	

COMPANIONS

HUNTING BUDDIES	HUNTING DOGS

TERRAIN

O FARM FIELD O FLOODED FIELD O LAKE O MARSH O POND O RIVER O TIMBER

SPECIES	SEX	BLIND #	BAND	BAND #
	M/F		O YES O NO	
	M/F		O YES O NO	
	M/F		O YES O NO	
	M/F		O YES O NO	
	M/F		O YES O NO	
	M/F		O YES O NO	
	M/F		O YES O NO	
	M/F		O YES O NO	
	M/F		O YES O NO	
	M/F		O YES O NO	
	M/F		O YES O NO	
	M/F		O YES O NO	

DUCK HUNTING LOG

DATE		LOCATION	
TIME		WEATHER CONDITIONS	
AM/PM		WIND CONDITIONS	
TEMPERATURE		WIND DIRECTION	

GEAR

FIREARMS	
AMMO	
CALLS	

COMPANIONS

HUNTING BUDDIES	HUNTING DOGS

TERRAIN

O FARM FIELD O FLOODED FIELD O LAKE O MARSH O POND O RIVER O TIMBER

SPECIES	SEX	BLIND #	BAND	BAND #
	M/F		O YES O NO	
	M/F		O YES O NO	
	M/F		O YES O NO	
	M/F		O YES O NO	
	M/F		O YES O NO	
	M/F		O YES O NO	
	M/F		O YES O NO	
	M/F		O YES O NO	
	M/F		O YES O NO	
	M/F		O YES O NO	
	M/F		O YES O NO	
	M/F		O YES O NO	

DUCK HUNTING LOG

DATE		LOCATION	
TIME		WEATHER CONDITIONS	
AM/PM		WIND CONDITIONS	
TEMPERATURE		WIND DIRECTION	

GEAR

FIREARMS	
AMMO	
CALLS	

COMPANIONS

HUNTING BUDDIES	HUNTING DOGS

TERRAIN

O FARM FIELD O FLOODED FIELD O LAKE O MARSH O POND O RIVER O TIMBER

SPECIES	SEX	BLIND #	BAND	BAND #
	M/F		O YES O NO	
	M/F		O YES O NO	
	M/F		O YES O NO	
	M/F		O YES O NO	
	M/F		O YES O NO	
	M/F		O YES O NO	
	M/F		O YES O NO	
	M/F		O YES O NO	
	M/F		O YES O NO	
	M/F		O YES O NO	
	M/F		O YES O NO	
	M/F		O YES O NO	

DUCK HUNTING LOG

DATE		LOCATION	
TIME		WEATHER CONDITIONS	
AM/PM		WIND CONDITIONS	
TEMPERATURE		WIND DIRECTION	

GEAR

FIREARMS	
AMMO	
CALLS	

COMPANIONS

HUNTING BUDDIES	HUNTING DOGS

TERRAIN

O FARM FIELD O FLOODED FIELD O LAKE O MARSH O POND O RIVER O TIMBER

SPECIES	SEX	BLIND #	BAND	BAND #
	M/F		O YES O NO	
	M/F		O YES O NO	
	M/F		O YES O NO	
	M/F		O YES O NO	
	M/F		O YES O NO	
	M/F		O YES O NO	
	M/F		O YES O NO	
	M/F		O YES O NO	
	M/F		O YES O NO	
	M/F		O YES O NO	
	M/F		O YES O NO	
	M/F		O YES O NO	

DUCK HUNTING LOG

DATE		LOCATION	
TIME		WEATHER CONDITIONS	
AM/PM		WIND CONDITIONS	
TEMPERATURE		WIND DIRECTION	

GEAR

FIREARMS	
AMMO	
CALLS	

COMPANIONS

HUNTING BUDDIES	HUNTING DOGS

TERRAIN

O FARM FIELD O FLOODED FIELD O LAKE O MARSH O POND O RIVER O TIMBER

SPECIES	SEX	BLIND #	BAND	BAND #
	M/F		O YES O NO	
	M/F		O YES O NO	
	M/F		O YES O NO	
	M/F		O YES O NO	
	M/F		O YES O NO	
	M/F		O YES O NO	
	M/F		O YES O NO	
	M/F		O YES O NO	
	M/F		O YES O NO	
	M/F		O YES O NO	
	M/F		O YES O NO	
	M/F		O YES O NO	

DUCK HUNTING LOG

DATE		LOCATION	
TIME		WEATHER CONDITIONS	
AM/PM		WIND CONDITIONS	
TEMPERATURE		WIND DIRECTION	

GEAR

FIREARMS	
AMMO	
CALLS	

COMPANIONS

HUNTING BUDDIES	HUNTING DOGS

TERRAIN

O FARM FIELD O FLOODED FIELD O LAKE O MARSH O POND O RIVER O TIMBER

SPECIES	SEX	BLIND #	BAND	BAND #
	M/F		O YES O NO	
	M/F		O YES O NO	
	M/F		O YES O NO	
	M/F		O YES O NO	
	M/F		O YES O NO	
	M/F		O YES O NO	
	M/F		O YES O NO	
	M/F		O YES O NO	
	M/F		O YES O NO	
	M/F		O YES O NO	
	M/F		O YES O NO	
	M/F		O YES O NO	

DUCK HUNTING LOG

DATE		LOCATION	
TIME		WEATHER CONDITIONS	
AM/PM		WIND CONDITIONS	
TEMPERATURE		WIND DIRECTION	

GEAR

FIREARMS	
AMMO	
CALLS	

COMPANIONS

HUNTING BUDDIES	HUNTING DOGS

TERRAIN

O FARM FIELD O FLOODED FIELD O LAKE O MARSH O POND O RIVER O TIMBER

SPECIES	SEX	BLIND #	BAND	BAND #
	M/F		O YES O NO	
	M/F		O YES O NO	
	M/F		O YES O NO	
	M/F		O YES O NO	
	M/F		O YES O NO	
	M/F		O YES O NO	
	M/F		O YES O NO	
	M/F		O YES O NO	
	M/F		O YES O NO	
	M/F		O YES O NO	
	M/F		O YES O NO	
	M/F		O YES O NO	

DUCK HUNTING LOG

DATE		LOCATION	
TIME		WEATHER CONDITIONS	
AM/PM		WIND CONDITIONS	
TEMPERATURE		WIND DIRECTION	

GEAR

FIREARMS	
AMMO	
CALLS	

COMPANIONS

HUNTING BUDDIES	HUNTING DOGS

TERRAIN

O FARM FIELD O FLOODED FIELD O LAKE O MARSH O POND O RIVER O TIMBER

SPECIES	SEX	BLIND #	BAND	BAND #
	M/F		O YES O NO	
	M/F		O YES O NO	
	M/F		O YES O NO	
	M/F		O YES O NO	
	M/F		O YES O NO	
	M/F		O YES O NO	
	M/F		O YES O NO	
	M/F		O YES O NO	
	M/F		O YES O NO	
	M/F		O YES O NO	
	M/F		O YES O NO	
	M/F		O YES O NO	
	M/F		O YES O NO	

DUCK HUNTING LOG

DATE		LOCATION	
TIME		WEATHER CONDITIONS	
AM/PM		WIND CONDITIONS	
TEMPERATURE		WIND DIRECTION	

GEAR

FIREARMS	
AMMO	
CALLS	

COMPANIONS

HUNTING BUDDIES	HUNTING DOGS

TERRAIN

O FARM FIELD O FLOODED FIELD O LAKE O MARSH O POND O RIVER O TIMBER

SPECIES	SEX	BLIND #	BAND	BAND #
	M/F		O YES O NO	
	M/F		O YES O NO	
	M/F		O YES O NO	
	M/F		O YES O NO	
	M/F		O YES O NO	
	M/F		O YES O NO	
	M/F		O YES O NO	
	M/F		O YES O NO	
	M/F		O YES O NO	
	M/F		O YES O NO	
	M/F		O YES O NO	
	M/F		O YES O NO	

DUCK HUNTING LOG

DATE		LOCATION	
TIME		WEATHER CONDITIONS	
AM/PM		WIND CONDITIONS	
TEMPERATURE		WIND DIRECTION	

GEAR

FIREARMS	
AMMO	
CALLS	

COMPANIONS

HUNTING BUDDIES	HUNTING DOGS

TERRAIN

O FARM FIELD O FLOODED FIELD O LAKE O MARSH O POND O RIVER O TIMBER

SPECIES	SEX	BLIND #	BAND	BAND #
	M/F		O YES O NO	
	M/F		O YES O NO	
	M/F		O YES O NO	
	M/F		O YES O NO	
	M/F		O YES O NO	
	M/F		O YES O NO	
	M/F		O YES O NO	
	M/F		O YES O NO	
	M/F		O YES O NO	
	M/F		O YES O NO	
	M/F		O YES O NO	
	M/F		O YES O NO	

DUCK HUNTING LOG

DATE		LOCATION	
TIME		WEATHER CONDITIONS	
AM/PM		WIND CONDITIONS	
TEMPERATURE		WIND DIRECTION	

GEAR

FIREARMS	
AMMO	
CALLS	

COMPANIONS

HUNTING BUDDIES	HUNTING DOGS

TERRAIN

O FARM FIELD O FLOODED FIELD O LAKE O MARSH O POND O RIVER O TIMBER

SPECIES	SEX	BLIND #	BAND	BAND #
	M/F		O YES O NO	
	M/F		O YES O NO	
	M/F		O YES O NO	
	M/F		O YES O NO	
	M/F		O YES O NO	
	M/F		O YES O NO	
	M/F		O YES O NO	
	M/F		O YES O NO	
	M/F		O YES O NO	
	M/F		O YES O NO	
	M/F		O YES O NO	
	M/F		O YES O NO	

DUCK HUNTING LOG

DATE		LOCATION	
TIME		WEATHER CONDITIONS	
AM/PM		WIND CONDITIONS	
TEMPERATURE		WIND DIRECTION	

GEAR

FIREARMS	
AMMO	
CALLS	

COMPANIONS

HUNTING BUDDIES	HUNTING DOGS

TERRAIN

O FARM FIELD O FLOODED FIELD O LAKE O MARSH O POND O RIVER O TIMBER

SPECIES	SEX	BLIND #	BAND	BAND #
	M/F		O YES O NO	
	M/F		O YES O NO	
	M/F		O YES O NO	
	M/F		O YES O NO	
	M/F		O YES O NO	
	M/F		O YES O NO	
	M/F		O YES O NO	
	M/F		O YES O NO	
	M/F		O YES O NO	
	M/F		O YES O NO	
	M/F		O YES O NO	
	M/F		O YES O NO	

DUCK HUNTING LOG

DATE		LOCATION	
TIME		WEATHER CONDITIONS	
AM/PM		WIND CONDITIONS	
TEMPERATURE		WIND DIRECTION	

GEAR

FIREARMS	
AMMO	
CALLS	

COMPANIONS

HUNTING BUDDIES	HUNTING DOGS

TERRAIN

O FARM FIELD O FLOODED FIELD O LAKE O MARSH O POND O RIVER O TIMBER

SPECIES	SEX	BLIND #	BAND	BAND #
	M/F		O YES O NO	
	M/F		O YES O NO	
	M/F		O YES O NO	
	M/F		O YES O NO	
	M/F		O YES O NO	
	M/F		O YES O NO	
	M/F		O YES O NO	
	M/F		O YES O NO	
	M/F		O YES O NO	
	M/F		O YES O NO	
	M/F		O YES O NO	
	M/F		O YES O NO	

DUCK HUNTING LOG

DATE		LOCATION	
TIME		WEATHER CONDITIONS	
AM/PM		WIND CONDITIONS	
TEMPERATURE		WIND DIRECTION	

GEAR

FIREARMS	
AMMO	
CALLS	

COMPANIONS

HUNTING BUDDIES	HUNTING DOGS

TERRAIN

O FARM FIELD O FLOODED FIELD O LAKE O MARSH O POND O RIVER O TIMBER

SPECIES	SEX	BLIND #	BAND	BAND #
	M/F		O YES O NO	
	M/F		O YES O NO	
	M/F		O YES O NO	
	M/F		O YES O NO	
	M/F		O YES O NO	
	M/F		O YES O NO	
	M/F		O YES O NO	
	M/F		O YES O NO	
	M/F		O YES O NO	
	M/F		O YES O NO	
	M/F		O YES O NO	
	M/F		O YES O NO	
	M/F		O YES O NO	

DUCK HUNTING LOG

DATE		LOCATION	
TIME		WEATHER CONDITIONS	
AM/PM		WIND CONDITIONS	
TEMPERATURE		WIND DIRECTION	

GEAR

FIREARMS	
AMMO	
CALLS	

COMPANIONS

HUNTING BUDDIES	HUNTING DOGS

TERRAIN

O FARM FIELD O FLOODED FIELD O LAKE O MARSH O POND O RIVER O TIMBER

SPECIES	SEX	BLIND #	BAND	BAND #
	M/F		O YES O NO	
	M/F		O YES O NO	
	M/F		O YES O NO	
	M/F		O YES O NO	
	M/F		O YES O NO	
	M/F		O YES O NO	
	M/F		O YES O NO	
	M/F		O YES O NO	
	M/F		O YES O NO	
	M/F		O YES O NO	
	M/F		O YES O NO	
	M/F		O YES O NO	

DUCK HUNTING LOG

DATE		LOCATION	
TIME		WEATHER CONDITIONS	
AM/PM		WIND CONDITIONS	
TEMPERATURE		WIND DIRECTION	

GEAR

FIREARMS	
AMMO	
CALLS	

COMPANIONS

HUNTING BUDDIES	HUNTING DOGS

TERRAIN

O FARM FIELD O FLOODED FIELD O LAKE O MARSH O POND O RIVER O TIMBER

SPECIES	SEX	BLIND #	BAND	BAND #
	M/F		O YES O NO	
	M/F		O YES O NO	
	M/F		O YES O NO	
	M/F		O YES O NO	
	M/F		O YES O NO	
	M/F		O YES O NO	
	M/F		O YES O NO	
	M/F		O YES O NO	
	M/F		O YES O NO	
	M/F		O YES O NO	
	M/F		O YES O NO	
	M/F		O YES O NO	

DUCK HUNTING LOG

DATE		LOCATION	
TIME		WEATHER CONDITIONS	
AM/PM		WIND CONDITIONS	
TEMPERATURE		WIND DIRECTION	

GEAR

FIREARMS	
AMMO	
CALLS	

COMPANIONS

HUNTING BUDDIES	HUNTING DOGS

TERRAIN

O FARM FIELD O FLOODED FIELD O LAKE O MARSH O POND O RIVER O TIMBER

SPECIES	SEX	BLIND #	BAND	BAND #
	M/F		O YES O NO	
	M/F		O YES O NO	
	M/F		O YES O NO	
	M/F		O YES O NO	
	M/F		O YES O NO	
	M/F		O YES O NO	
	M/F		O YES O NO	
	M/F		O YES O NO	
	M/F		O YES O NO	
	M/F		O YES O NO	
	M/F		O YES O NO	
	M/F		O YES O NO	

DUCK HUNTING LOG

DATE		LOCATION	
TIME		WEATHER CONDITIONS	
AM/PM		WIND CONDITIONS	
TEMPERATURE		WIND DIRECTION	

GEAR

FIREARMS	
AMMO	
CALLS	

COMPANIONS

HUNTING BUDDIES	HUNTING DOGS

TERRAIN

O FARM FIELD O FLOODED FIELD O LAKE O MARSH O POND O RIVER O TIMBER

SPECIES	SEX	BLIND #	BAND	BAND #
	M/F		O YES O NO	
	M/F		O YES O NO	
	M/F		O YES O NO	
	M/F		O YES O NO	
	M/F		O YES O NO	
	M/F		O YES O NO	
	M/F		O YES O NO	
	M/F		O YES O NO	
	M/F		O YES O NO	
	M/F		O YES O NO	
	M/F		O YES O NO	
	M/F		O YES O NO	

DUCK HUNTING LOG

DATE		LOCATION			
TIME		WEATHER CONDITIONS			
AM/PM		WIND CONDITIONS			
TEMPERATURE		WIND DIRECTION			

GEAR

FIREARMS	
AMMO	
CALLS	

COMPANIONS

HUNTING BUDDIES	HUNTING DOGS

TERRAIN

O FARM FIELD O FLOODED FIELD O LAKE O MARSH O POND O RIVER O TIMBER

SPECIES	SEX	BLIND #	BAND	BAND #
	M/F		O YES O NO	
	M/F		O YES O NO	
	M/F		O YES O NO	
	M/F		O YES O NO	
	M/F		O YES O NO	
	M/F		O YES O NO	
	M/F		O YES O NO	
	M/F		O YES O NO	
	M/F		O YES O NO	
	M/F		O YES O NO	
	M/F		O YES O NO	
	M/F		O YES O NO	

DUCK HUNTING LOG

DATE		LOCATION	
TIME		WEATHER CONDITIONS	
AM/PM		WIND CONDITIONS	
TEMPERATURE		WIND DIRECTION	

GEAR

FIREARMS	
AMMO	
CALLS	

COMPANIONS

HUNTING BUDDIES	HUNTING DOGS

TERRAIN

O FARM FIELD O FLOODED FIELD O LAKE O MARSH O POND O RIVER O TIMBER

SPECIES	SEX	BLIND #	BAND	BAND #
	M/F		O YES O NO	
	M/F		O YES O NO	
	M/F		O YES O NO	
	M/F		O YES O NO	
	M/F		O YES O NO	
	M/F		O YES O NO	
	M/F		O YES O NO	
	M/F		O YES O NO	
	M/F		O YES O NO	
	M/F		O YES O NO	
	M/F		O YES O NO	
	M/F		O YES O NO	
	M/F		O YES O NO	

DUCK HUNTING LOG

DATE		LOCATION	
TIME		WEATHER CONDITIONS	
AM/PM		WIND CONDITIONS	
TEMPERATURE		WIND DIRECTION	

GEAR

FIREARMS	
AMMO	
CALLS	

COMPANIONS

HUNTING BUDDIES	HUNTING DOGS

TERRAIN

O FARM FIELD O FLOODED FIELD O LAKE O MARSH O POND O RIVER O TIMBER

SPECIES	SEX	BLIND #	BAND	BAND #
	M/F		O YES O NO	
	M/F		O YES O NO	
	M/F		O YES O NO	
	M/F		O YES O NO	
	M/F		O YES O NO	
	M/F		O YES O NO	
	M/F		O YES O NO	
	M/F		O YES O NO	
	M/F		O YES O NO	
	M/F		O YES O NO	
	M/F		O YES O NO	
	M/F		O YES O NO	

DUCK HUNTING LOG

DATE		LOCATION	
TIME		WEATHER CONDITIONS	
AM/PM		WIND CONDITIONS	
TEMPERATURE		WIND DIRECTION	

GEAR

FIREARMS	
AMMO	
CALLS	

COMPANIONS

HUNTING BUDDIES	HUNTING DOGS

TERRAIN

O FARM FIELD O FLOODED FIELD O LAKE O MARSH O POND O RIVER O TIMBER

SPECIES	SEX	BLIND #	BAND	BAND #
	M/F		O YES O NO	
	M/F		O YES O NO	
	M/F		O YES O NO	
	M/F		O YES O NO	
	M/F		O YES O NO	
	M/F		O YES O NO	
	M/F		O YES O NO	
	M/F		O YES O NO	
	M/F		O YES O NO	
	M/F		O YES O NO	
	M/F		O YES O NO	
	M/F		O YES O NO	

DUCK HUNTING LOG

DATE		LOCATION	
TIME		WEATHER CONDITIONS	
AM/PM		WIND CONDITIONS	
TEMPERATURE		WIND DIRECTION	

GEAR

FIREARMS	
AMMO	
CALLS	

COMPANIONS

HUNTING BUDDIES	HUNTING DOGS

TERRAIN

O FARM FIELD O FLOODED FIELD O LAKE O MARSH O POND O RIVER O TIMBER

SPECIES	SEX	BLIND #	BAND	BAND #
	M/F		O YES O NO	
	M/F		O YES O NO	
	M/F		O YES O NO	
	M/F		O YES O NO	
	M/F		O YES O NO	
	M/F		O YES O NO	
	M/F		O YES O NO	
	M/F		O YES O NO	
	M/F		O YES O NO	
	M/F		O YES O NO	
	M/F		O YES O NO	
	M/F		O YES O NO	

DUCK HUNTING LOG

DATE		LOCATION	
TIME		WEATHER CONDITIONS	
AM/PM		WIND CONDITIONS	
TEMPERATURE		WIND DIRECTION	

GEAR

FIREARMS	
AMMO	
CALLS	

COMPANIONS

HUNTING BUDDIES	HUNTING DOGS

TERRAIN

O FARM FIELD O FLOODED FIELD O LAKE O MARSH O POND O RIVER O TIMBER

SPECIES	SEX	BLIND #	BAND	BAND #
	M/F		O YES O NO	
	M/F		O YES O NO	
	M/F		O YES O NO	
	M/F		O YES O NO	
	M/F		O YES O NO	
	M/F		O YES O NO	
	M/F		O YES O NO	
	M/F		O YES O NO	
	M/F		O YES O NO	
	M/F		O YES O NO	
	M/F		O YES O NO	
	M/F		O YES O NO	
	M/F		O YES O NO	

www.ingramcontent.com/pod-product-compliance
Lightning Source LLC
Chambersburg PA
CBHW070026030426
42335CB00017B/2314